This Journal Belongs To:

_____

_____

_____

_____

COLOR: _____

DIE LOT: _____

MFG: _____

FIBER CONTENT:_____

YARDS: _____

GAUGE:_____

NEEDLES: _____

PURCHASE DATE: _____

LOCATION: _____

PROJECT/PATTERN NAME: _____

_____

PROJECT DATE: _____

NOTES: _____

_____

_____

_____

_____

_____

YARN SAMPLE AND LABEL

COLOR: _____

DIE LOT: _____

MFG: _____

FIBER CONTENT:_____

YARDS: _____

GAUGE:_____

NEEDLES: _____

PURCHASE DATE: _____

LOCATION: _____

PROJECT/PATTERN NAME: _____

_____

PROJECT DATE: _____

NOTES: _____

_____

_____

_____

_____

_____

YARN SAMPLE AND LABEL

COLOR: _____

DIE LOT: _____

MFG: _____

FIBER CONTENT:_____

YARDS: _____

GAUGE:_____

NEEDLES: _____

PURCHASE DATE: _____

LOCATION: _____

PROJECT/PATTERN NAME: _____

_____

PROJECT DATE: _____

NOTES: _____

_____

_____

_____

_____

_____

YARN SAMPLE AND LABEL

COLOR: _____

DIE LOT: _____

MFG: _____

FIBER CONTENT:_____

YARDS: _____

GAUGE:_____

NEEDLES: _____

PURCHASE DATE: _____

LOCATION: _____

PROJECT/PATTERN NAME: _____

_____

PROJECT DATE: _____

NOTES: _____

_____

_____

_____

_____

_____

YARN SAMPLE AND LABEL

COLOR: _____

DIE LOT: _____

MFG: _____

FIBER CONTENT: _____

YARDS: _____

GAUGE: _____

NEEDLES: _____

PURCHASE DATE: _____

LOCATION: _____

PROJECT/PATTERN NAME: _____

_____

PROJECT DATE: _____

NOTES: _____

_____

_____

_____

_____

_____

YARN SAMPLE AND LABEL

COLOR: _____

DIE LOT: _____

MFG: _____

FIBER CONTENT:_____

YARDS: _____

GAUGE:_____

NEEDLES: _____

PURCHASE DATE: _____

LOCATION: _____

PROJECT/PATTERN NAME: _____

_____

PROJECT DATE: _____

NOTES: _____

_____

_____

_____

_____

_____

YARN SAMPLE AND LABEL

COLOR: _____

DIE LOT: _____

MFG: _____

FIBER CONTENT:_____

YARDS: _____

GAUGE:_____

NEEDLES: _____

PURCHASE DATE: _____

LOCATION: _____

PROJECT/PATTERN NAME: _____

_____

PROJECT DATE: _____

NOTES: _____

_____

_____

_____

_____

_____

YARN SAMPLE AND LABEL

COLOR: _____

DIE LOT: _____

MFG: _____

FIBER CONTENT: _____

YARDS: _____

GAUGE: _____

NEEDLES: _____

PURCHASE DATE: _____

LOCATION: _____

PROJECT/PATTERN NAME: _____

_____

PROJECT DATE: _____

NOTES: _____

_____

_____

_____

_____

_____

YARN SAMPLE AND LABEL

COLOR: _____

DIE LOT: _____

MFG: _____

FIBER CONTENT:_____

YARDS: _____

GAUGE:_____

NEEDLES: _____

PURCHASE DATE: _____

LOCATION: _____

PROJECT/PATTERN NAME: _____

_____

PROJECT DATE: _____

NOTES: _____

_____

_____

_____

_____

_____

YARN SAMPLE AND LABEL

COLOR: _____

DIE LOT: _____

MFG: _____

FIBER CONTENT: _____

YARDS: _____

GAUGE: _____

NEEDLES: _____

PURCHASE DATE: _____

LOCATION: _____

PROJECT/PATTERN NAME: _____

_____

PROJECT DATE: _____

NOTES: _____

_____

_____

_____

_____

_____

YARN SAMPLE AND LABEL

COLOR: _____

DIE LOT: _____

MFG: _____

FIBER CONTENT:_____

YARDS: _____

GAUGE:_____

NEEDLES: _____

PURCHASE DATE: _____

LOCATION: _____

PROJECT/PATTERN NAME: _____

_____

PROJECT DATE: _____

NOTES: _____

_____

_____

_____

_____

_____

YARN SAMPLE AND LABEL

COLOR: _____

DIE LOT: _____

MFG: _____

FIBER CONTENT: _____

YARDS: _____

GAUGE: _____

NEEDLES: _____

PURCHASE DATE: _____

LOCATION: _____

PROJECT/PATTERN NAME: _____

_____

PROJECT DATE: _____

NOTES: _____

_____

_____

_____

_____

_____

YARN SAMPLE AND LABEL

COLOR: _____

DIE LOT: _____

MFG: _____

FIBER CONTENT:_____

YARDS: _____

GAUGE:_____

NEEDLES: _____

PURCHASE DATE: _____

LOCATION: _____

PROJECT/PATTERN NAME: _____

_____

PROJECT DATE: _____

NOTES: _____

_____

_____

_____

_____

_____

YARN SAMPLE AND LABEL

COLOR: _____

DIE LOT: _____

MFG: _____

FIBER CONTENT: _____

YARDS: _____

GAUGE: _____

NEEDLES: _____

PURCHASE DATE: _____

LOCATION: _____

PROJECT/PATTERN NAME: _____

_____

PROJECT DATE: _____

NOTES: _____

_____

_____

_____

_____

_____

YARN SAMPLE AND LABEL

COLOR: _____

DIE LOT: _____

MFG: _____

FIBER CONTENT:_____

YARDS: _____

GAUGE:_____

NEEDLES: _____

PURCHASE DATE: _____

LOCATION: _____

PROJECT/PATTERN NAME: _____

_____

PROJECT DATE: _____

NOTES: _____

_____

_____

_____

_____

_____

YARN SAMPLE AND LABEL

COLOR: _____

DIE LOT: _____

MFG: _____

FIBER CONTENT:_____

YARDS: _____

GAUGE:_____

NEEDLES: _____

PURCHASE DATE: _____

LOCATION: _____

PROJECT/PATTERN NAME: _____

_____

PROJECT DATE: _____

NOTES: _____

_____

_____

_____

_____

_____

YARN SAMPLE AND LABEL

COLOR: _____

DIE LOT: _____

MFG: _____

FIBER CONTENT:_____

YARDS: _____

GAUGE:_____

NEEDLES: _____

PURCHASE DATE: _____

LOCATION: _____

PROJECT/PATTERN NAME: _____

_____

PROJECT DATE: _____

NOTES: _____

_____

_____

_____

_____

_____

YARN SAMPLE AND LABEL

COLOR: _____

DIE LOT: _____

MFG: _____

FIBER CONTENT:_____

YARDS: _____

GAUGE:_____

NEEDLES: _____

PURCHASE DATE: _____

LOCATION: _____

PROJECT/PATTERN NAME: _____

_____

PROJECT DATE: _____

NOTES: _____

_____

_____

_____

_____

_____

YARN SAMPLE AND LABEL

COLOR: _____

DIE LOT: _____

MFG: _____

FIBER CONTENT:_____

YARDS: _____

GAUGE:_____

NEEDLES: _____

PURCHASE DATE: _____

LOCATION: _____

PROJECT/PATTERN NAME: _____

_____

PROJECT DATE: _____

NOTES: _____

_____

_____

_____

_____

_____

YARN SAMPLE AND LABEL

COLOR: _____

DIE LOT: _____

MFG: _____

FIBER CONTENT: _____

YARDS: _____

GAUGE: _____

NEEDLES: _____

PURCHASE DATE: _____

LOCATION: _____

PROJECT/PATTERN NAME: _____

_____

PROJECT DATE: _____

NOTES: _____

_____

_____

_____

_____

_____

YARN SAMPLE AND LABEL

COLOR: _____

DIE LOT: _____

MFG: _____

FIBER CONTENT:_____

YARDS: _____

GAUGE:_____

NEEDLES: _____

PURCHASE DATE: _____

LOCATION: _____

PROJECT/PATTERN NAME: _____

_____

PROJECT DATE: _____

NOTES: _____

_____

_____

_____

_____

_____

YARN SAMPLE AND LABEL

COLOR: _____

DIE LOT: _____

MFG: _____

FIBER CONTENT: _____

YARDS: _____

GAUGE: _____

NEEDLES: _____

PURCHASE DATE: _____

LOCATION: _____

PROJECT/PATTERN NAME: _____

_____

PROJECT DATE: _____

NOTES: _____

_____

_____

_____

_____

_____

YARN SAMPLE AND LABEL

COLOR: _____

DIE LOT: _____

MFG: _____

FIBER CONTENT: _____

YARDS: _____

GAUGE: _____

NEEDLES: _____

PURCHASE DATE: _____

LOCATION: _____

PROJECT/PATTERN NAME: _____

_____

PROJECT DATE: _____

NOTES: _____

_____

_____

_____

_____

_____

YARN SAMPLE AND LABEL

COLOR: _____

DIE LOT: _____

MFG: _____

FIBER CONTENT: _____

YARDS: _____

GAUGE: _____

NEEDLES: _____

PURCHASE DATE: _____

LOCATION: _____

PROJECT/PATTERN NAME: _____

_____

PROJECT DATE: _____

NOTES: _____

_____

_____

_____

_____

_____

YARN SAMPLE AND LABEL

COLOR: _____

DIE LOT: _____

MFG: _____

FIBER CONTENT:_____

YARDS: _____

GAUGE:_____

NEEDLES: _____

PURCHASE DATE: _____

LOCATION: _____

PROJECT/PATTERN NAME: _____

_____

PROJECT DATE: _____

NOTES: _____

_____

_____

_____

_____

_____

YARN SAMPLE AND LABEL

COLOR: _____

DIE LOT: _____

MFG: _____

FIBER CONTENT:_____

YARDS: _____

GAUGE:_____

NEEDLES: _____

PURCHASE DATE: _____

LOCATION: _____

PROJECT/PATTERN NAME: _____

_____

PROJECT DATE: _____

NOTES: _____

_____

_____

_____

_____

_____

YARN SAMPLE AND LABEL

COLOR: _____

DIE LOT: _____

MFG: _____

FIBER CONTENT:_____

YARDS: _____

GAUGE:_____

NEEDLES: _____

PURCHASE DATE: _____

LOCATION: _____

PROJECT/PATTERN NAME: _____

_____

PROJECT DATE: _____

NOTES: _____

_____

_____

_____

_____

_____

YARN SAMPLE AND LABEL

COLOR: _____

DIE LOT: _____

MFG: _____

FIBER CONTENT:_____

YARDS: _____

GAUGE:_____

NEEDLES: _____

PURCHASE DATE: _____

LOCATION: _____

PROJECT/PATTERN NAME: _____

_____

PROJECT DATE: _____

NOTES: _____

_____

_____

_____

_____

_____

YARN SAMPLE AND LABEL

COLOR: _____

DIE LOT: _____

MFG: _____

FIBER CONTENT:_____

YARDS: _____

GAUGE:_____

NEEDLES: _____

PURCHASE DATE: _____

LOCATION: _____

PROJECT/PATTERN NAME: _____

_____

PROJECT DATE: _____

NOTES: _____

_____

_____

_____

_____

_____

YARN SAMPLE AND LABEL

COLOR: _____

DIE LOT: _____

MFG: _____

FIBER CONTENT:_____

YARDS: _____

GAUGE:_____

NEEDLES: _____

PURCHASE DATE: _____

LOCATION: _____

PROJECT/PATTERN NAME: _____

_____

PROJECT DATE: _____

NOTES: _____

_____

_____

_____

_____

_____

YARN SAMPLE AND LABEL

COLOR: _____

DIE LOT: _____

MFG: _____

FIBER CONTENT:_____

YARDS: _____

GAUGE:_____

NEEDLES: _____

PURCHASE DATE: _____

LOCATION: _____

PROJECT/PATTERN NAME: _____

_____

PROJECT DATE: _____

NOTES: _____

_____

_____

_____

_____

_____

YARN SAMPLE AND LABEL

COLOR: _____

DIE LOT: _____

MFG: _____

FIBER CONTENT:_____

YARDS: _____

GAUGE:_____

NEEDLES: _____

PURCHASE DATE: _____

LOCATION: _____

PROJECT/PATTERN NAME: _____

_____

PROJECT DATE: _____

NOTES: _____

_____

_____

_____

_____

_____

YARN SAMPLE AND LABEL

COLOR: _____

DIE LOT: _____

MFG: _____

FIBER CONTENT: _____

YARDS: _____

GAUGE: _____

NEEDLES: _____

PURCHASE DATE: _____

LOCATION: _____

PROJECT/PATTERN NAME: _____

_____

PROJECT DATE: _____

NOTES: _____

_____

_____

_____

_____

_____

YARN SAMPLE AND LABEL

COLOR: _____

DIE LOT: _____

MFG: _____

FIBER CONTENT:_____

YARDS: _____

GAUGE:_____

NEEDLES: _____

PURCHASE DATE: _____

LOCATION: _____

PROJECT/PATTERN NAME: _____

_____

PROJECT DATE: _____

NOTES: _____

_____

_____

_____

_____

_____

YARN SAMPLE AND LABEL

COLOR: _____

DIE LOT: _____

MFG: _____

FIBER CONTENT: _____

YARDS: _____

GAUGE: _____

NEEDLES: _____

PURCHASE DATE: _____

LOCATION: _____

PROJECT/PATTERN NAME: _____

_____

PROJECT DATE: _____

NOTES: _____

_____

_____

_____

_____

_____

YARN SAMPLE AND LABEL

COLOR: _____

DIE LOT: _____

MFG: _____

FIBER CONTENT:_____

YARDS: _____

GAUGE:_____

NEEDLES: _____

PURCHASE DATE: _____

LOCATION: _____

PROJECT/PATTERN NAME: _____

_____

PROJECT DATE: _____

NOTES: _____

_____

_____

_____

_____

_____

YARN SAMPLE AND LABEL

COLOR: _____

DIE LOT: _____

MFG: _____

FIBER CONTENT:_____

YARDS: _____

GAUGE:_____

NEEDLES: _____

PURCHASE DATE: _____

LOCATION: _____

PROJECT/PATTERN NAME: _____

_____

PROJECT DATE: _____

NOTES: _____

_____

_____

_____

_____

_____

YARN SAMPLE AND LABEL

COLOR: _____

DIE LOT: _____

MFG: _____

FIBER CONTENT: _____

YARDS: _____

GAUGE: _____

NEEDLES: _____

PURCHASE DATE: _____

LOCATION: _____

PROJECT/PATTERN NAME: _____

_____

PROJECT DATE: _____

NOTES: _____

_____

_____

_____

_____

_____

YARN SAMPLE AND LABEL

COLOR: _____

DIE LOT: _____

MFG: _____

FIBER CONTENT:_____

YARDS: _____

GAUGE:_____

NEEDLES: _____

PURCHASE DATE: _____

LOCATION: _____

PROJECT/PATTERN NAME: _____

_____

PROJECT DATE: _____

NOTES: _____

_____

_____

_____

_____

_____

YARN SAMPLE AND LABEL

COLOR: _____

DIE LOT: _____

MFG: _____

FIBER CONTENT:_____

YARDS: _____

GAUGE:_____

NEEDLES: _____

PURCHASE DATE: _____

LOCATION: _____

PROJECT/PATTERN NAME: _____

_____

PROJECT DATE: _____

NOTES: _____

_____

_____

_____

_____

_____

YARN SAMPLE AND LABEL

COLOR: _____

DIE LOT: _____

MFG: _____

FIBER CONTENT: _____

YARDS: _____

GAUGE: _____

NEEDLES: _____

PURCHASE DATE: _____

LOCATION: _____

PROJECT/PATTERN NAME: _____

_____

PROJECT DATE: _____

NOTES: _____

_____

_____

_____

_____

_____

YARN SAMPLE AND LABEL

COLOR: _____

DIE LOT: _____

MFG: _____

FIBER CONTENT:_____

YARDS: _____

GAUGE:_____

NEEDLES: _____

PURCHASE DATE: _____

LOCATION: _____

PROJECT/PATTERN NAME: _____

_____

PROJECT DATE: _____

NOTES: _____

_____

_____

_____

_____

_____

YARN SAMPLE AND LABEL

COLOR: _____

DIE LOT: _____

MFG: _____

FIBER CONTENT:_____

YARDS: _____

GAUGE:_____

NEEDLES: _____

PURCHASE DATE: _____

LOCATION: _____

PROJECT/PATTERN NAME: _____

_____

PROJECT DATE: _____

NOTES: _____

_____

_____

_____

_____

_____

YARN SAMPLE AND LABEL

COLOR: _____

DIE LOT: _____

MFG: _____

FIBER CONTENT:_____

YARDS: _____

GAUGE:_____

NEEDLES: _____

PURCHASE DATE: _____

LOCATION: _____

PROJECT/PATTERN NAME: _____

_____

PROJECT DATE: _____

NOTES: _____

_____

_____

_____

_____

_____

YARN SAMPLE AND LABEL

COLOR: _____

DIE LOT: _____

MFG: _____

FIBER CONTENT:_____

YARDS: _____

GAUGE:_____

NEEDLES: _____

PURCHASE DATE: _____

LOCATION: _____

PROJECT/PATTERN NAME: _____

_____

PROJECT DATE: _____

NOTES: _____

_____

_____

_____

_____

_____

YARN SAMPLE AND LABEL

COLOR: _____

DIE LOT: _____

MFG: _____

FIBER CONTENT:_____

YARDS: _____

GAUGE:_____

NEEDLES: _____

PURCHASE DATE: _____

LOCATION: _____

PROJECT/PATTERN NAME: _____

_____

PROJECT DATE: _____

NOTES: _____

_____

_____

_____

_____

_____

YARN SAMPLE AND LABEL

COLOR: _____

DIE LOT: _____

MFG: _____

FIBER CONTENT:_____

YARDS: _____

GAUGE:_____

NEEDLES: _____

PURCHASE DATE: _____

LOCATION: _____

PROJECT/PATTERN NAME: _____

_____

PROJECT DATE: _____

NOTES: _____

_____

_____

_____

_____

_____

YARN SAMPLE AND LABEL

COLOR: _____

DIE LOT: _____

MFG: _____

FIBER CONTENT: _____

YARDS: _____

GAUGE: _____

NEEDLES: _____

PURCHASE DATE: _____

LOCATION: _____

PROJECT/PATTERN NAME: _____

_____

PROJECT DATE: _____

NOTES: _____

_____

_____

_____

_____

_____

YARN SAMPLE AND LABEL

COLOR: _____

DIE LOT: _____

MFG: _____

FIBER CONTENT: _____

YARDS: _____

GAUGE: _____

NEEDLES: _____

PURCHASE DATE: _____

LOCATION: _____

PROJECT/PATTERN NAME: _____

_____

PROJECT DATE: _____

NOTES: _____

_____

_____

_____

_____

_____

YARN SAMPLE AND LABEL

COLOR: _____

DIE LOT: _____

MFG: _____

FIBER CONTENT: _____

YARDS: _____

GAUGE: _____

NEEDLES: _____

PURCHASE DATE: _____

LOCATION: _____

PROJECT/PATTERN NAME: _____

_____

PROJECT DATE: _____

NOTES: _____

_____

_____

_____

_____

_____

YARN SAMPLE AND LABEL

Made in the USA
Monee, IL
28 February 2020